Asentamiento en la civilidad

Youre Merino

Asentamiento en la civilidad

Edición: Javier L. Mora
© Logotipo de la editorial: Umberto Peña
© Ilustración de cubierta: grabado de
Linet Oquendo Meneses (2010)

© Youre Merino, 2023
Sobre la presente edición: © Casa Vacía, 2023

www.editorialcasavacia.com

casavacia16@gmail.com

Richmond, Virginia

Impreso en USA

ISBN: 978-1-961722-10-1

© Todos los derechos reservados. Bajo las sanciones
que establece la ley, queda rigurosamente prohibida,
sin la autorización escrita del autor o de la editorial,
la reproducción total o parcial de esta obra por ningún
medio, ya sea electrónico o mecánico, incluyendo
fotocopias o distribución en Internet.

*Por Yurima Gil Santiesteban,
la primera persona que me habló de Alamar.*

A Eduardo Djata Dielí.

Los predominios

Entre costa y un túnel (7 km)
civitas se opone al plano de periferia.
Con remaches de lo que pleitea por ciclos
abren y cierran las puertas del *camello* rosa.
Franja de lo raspado…
De una tensión (7 km)
surge el diseño entre lo visto y no visto
entre lo que existe materialmente y lo que no.
Solo quien monta en la nave (7 km)
entra en acción pura del *camino*
propiedad comunal que conduce a parada.
Afronivel, *mundalamar* ruido:
el punto le sirve de alarma
el chanchullero, el mangrullo…
Descalificaciones y cortes supremas.
Contenidos anímicos, autárquicos
se adentran (7 km)
porque no puede
entre costa y un túnel
fondear sobre pradera
como animal
de tiro.

Casa del hombre

> *Casa del hombre: la razón termina
> en abstracto hormigón.*
>
> Francisco de Oraá

Punto de gravedad

Por chatas no caben en la ventanita de
                              Key West.

Si tales
       son los bloques
       de viviendas
       podemos *samplear* metáforas de la
                              REVOLUCIÓN
a todos lares.

Hagan lugar
para estas torres
               (hechas por el pueblo)
en las alturas de Alamar
y comuniquen que las jornadas
                           de licitación
vendrán
con el despliegue de la soberanía.
Su forma fascinante
plegándose al claroscuro
del mar, al implacable yeso.

Las decisiones colectivas
y el sacrificio con su efímera gloria.
La física proyección de *civitas*.

Plante (agradecido y hospitalario)
posible bandera
de expansión, de bienvenida
                              a un nuevo territorio
fecundo
para la inmunidad
y el remanso.

Promesa de estancia / estado de permanencia

NICHOS por mediaciones del poder
para despojos fonéticos.
Horizontal y perimetral
de modo que encuentre conformidad con el vestíbulo.
No sé qué línea de producción es esta
ni cómo optimizar los elementos básicos
de mi zona de confort.
NICHOS como estatuto, como remesas.
Horizontal y perimetral
que funciona como un respiradero.
Se busca el punto de comparación
entre la generosidad de los gestos y la sinergia.
Entre las múltiples relaciones de autoridad
y las tecnologías del castigo.
NICHOS como proyectos de valor para el hombre
(y el arte)
        las norias del transporte público
        desprovistas del encofrado y las efemérides
        N/I/C/H/O/S sobre el suelo rústico...
        N/I/C/H/O/S sobre el suelo urbanizable...

las coincidencias
de lo simétrico.

Building home

Habitar un espacio y quedarse
con la monocromía de su luz.
Un espacio: babélico.

La casa de tu vida. Hacer una casa para todos.
Sin lastre emocional.

Solo en tu mente puedes compararla con algo mejor.
Solo en tu mente pervive el artificio de la imitación.
La forma de su vida y de su muerte.

Las casas de tu vida.
Aquí no hay nada que reevaluar.

Por ese traficar con ilusión
por esas impresiones de la imagen del alma.

No es tan sencillo el asunto de poner tu casa
y acomo*darla* como hebras de lo expansivo.

AL MA XPRESS

Bicaptación del índice de superficie construida
que se necrosa...

Bajo el manto solar se repite la marca de los bloques
en conflicto con su ideal y no con su multiplicidad.
En zona franca (según pasa el tiempo)
desde la época del Cabaret Voltaire
las supervivencias ideológicas no se cotizan igual
que la producción de textualidades efímeras.

Para nada de esto
reserva lugar
el presente.

Asentamiento en la civilidad

a) Descampado. No estás en tu ciudad
como no estás en Varsovia.

b) Territorio. Aprendizaje de una disciplina.
Ahora mismo empiezo a deshacer lo tejido.
Ahora mismo descreo de M1 destino ejemplar
del costo de producción
de los dispositivos de lectura.
El costo de producción
de una disciplina es mínimo.
Mínimo el aprendizaje
el territorio tejido
diacrónicamente.

c) El trazo lateral que apuntala
EDIFICIO EDIFICIO EDIFICIO
recibe lo que el sol y la inercia
consagran:

estoy
construyendo un edificio

¿estoy construyendo un edificio?
sí
estoy
aquel edificio
y otro edificio más
idéntico
para no variar
aleros mnemotécnicos por intervalos.

d) El sitio brinda:
    una imagen diferente
    de cómo funciona el mundo.
    El mundo con la simpleza de sus escenarios
    sus relaciones de motivación.

¿Qué reverbera, cuáles son las punciones en este lugar para el que esté de paso?

W. C. W.
(CARRETILLERO CON AGUACATES)

El color basura
serpea sobre la roja carretilla
bajo la lluvia.
La roja insignia…
Elemento autoexpresivo
más ROJO que nunca
en su área de en*clave*.

Bajo la carretilla roja
OBJET TROUVÉ
serpea la lluvia
con el color
de los basureros.

El color basura
serpea bajo la lluvia
sobre la roja carretilla.
La roja insignia…
Elemento autoexpresivo
más ROJO que nunca
en su área de en*clave*.

Bajo la lluvia, la carretilla
OBJET TROUVÉ
serpea el rojo
entre el color
de los basureros.

El flujo de las impresiones
(HORROR *VACUI*)

Edificios como concreción propagandística.

Edificios como agenda de problemas significativos.

La forma por la funcionalidad.

Tabiques del anfiteatro.

Estancos para la línea de producción de poemas que no se pueden legrar.

Edificios como cadenas de montaje, accidente visual o anecdótico.

Forma espacial como categoría posesiva, tipificada.

Borrar construcciones mentales del edificio.

Desde este lugar, a espacio abierto: por modelado...

Con una generosa circulación del aire, quien ve un edificio, ve los *relatos* de su demiurgo.

Demasiados garajes y tanques elevados

En tu país de nacimiento
repites, repites, repites
(por capas de contenido)
el juego de las acotaciones.

Cada vez hay menos llamadas
al centro de asistencia técnica.
                Siéntate a esperar
                por un resultado
                cualquier resultado
                y que el juego culmine
con el abandono de un puesto fijo.

Cosificar con una media vuelta autorregula
                las torceduras del Hombre Nuevo
                los costos de mantenimiento
                cada vez más bajos.

EN UNIVERSO FINITO
CADA EDIFICIO PUEDE SER CONSIDERADO
COMO EL CENTRO

YA QUE TODO EDIFICIO
TIENE UN NÚMERO INFINITO
DE EDIFICIOS
A CADA LADO.

Devaluado por el mercado inmobiliario
                                      de la nación
contrario a su destino
al principio utilitario y racional
se yergue el edificio como antivalor.

COLINDA POR EL FRENTE
CON EL EDIFICIO...
POR LA DERECHA, SALIENDO
CON EL EDIFICIO...
POR LA IZQUIERDA, SALIENDO
CON EL EDIFICIO...
POR EL FONDO
CON EL EDIFICIO...

Cuando te conviertes en algo promedio
por el ensayo de productos
que se descomponen
sacas:

    1) set de cuchillas en buen estado
       (el estado de derecho);
    2) escote de ciudad
       que cortas en pequeños trozos;
    3) unidades habitacionales mal cosidas.

Antes:
tirar fotografías de lo que fue habitable.
Construir a la riposta otros escenarios
en el mismo país
otros refugios despojados de fanfarrias
y vivir la vida como un escarmiento.

Una parte de lío, la otra mitad de problema

Insólita manera de sonreír y prodigar abrazos.
Estado de *eurekismo*
como un acto de aparente desobediencia civil.

La quietud de las estructuras
inquieta el soporte geográfico que abisma
ser un ejemplo patrio de creación.

Cuesta encontrar miembros pasivos.
Cuesta cogerle la vuelta con el rabo del ojo.
Sedimento en sentido recto
parece una huella
que se reconcilia con la proximidad:
ni más pa'llá, ni más pa'cá...

Apetitos en teoría
contingencia ambiental
la gran narración que asordinan
las mesas de dibujo
los comisionados

y el sello
de tinta.

Vivir en familia

Esto es una imagen concreta
donde todo es ambiente:
higienizar paisaje público.

Ponerle sitio a la ciudad-dormitorio
sitio en que tan bien se estuvo.

Esto es material de desecho.

Y hacemos el trabajo
con claves interpretativas
en busca de un día perfecto
o la intensidad del amarillo público
una mañana cualquiera.

Esto es transportar una imagen.

En este sitio, con su severa geometría
casi nada es un espectáculo.

Es hora de hacer otra cosa:
¿otro conjunto habitacional?

Estamentos
(Facetas)

La combinación de un primer plano
con las economías que parasitan
reduce *corpus* textual del
POEMA
al uso de voz que lo declama.

No puede acoplar *(todos quieren, todos quieren, todos quieren…)*
o *in*validar   JUNCIÓN-reproductiva
del imperio de la lógica
FUNCIÓN-promoción para su tiempo
y construir poemas como una casa tosca
NACIONAL.

Microconstructores, micropersonas de uno en fondo:
pasando, pasando, pasando, pasando…
desde una subcultura, mancomunidades
de hormigón distópico.
La mala vista de este lugar (con sus virtudes periféricas)
refrenda su estado de posteridad.

Homo cubensis

Entramado de dominó
                —fondo de viviendas—
dispone la vida, si eres el *mano* de un casillero
con personas diferentes
                por estratos
                por desgaste
                por yuxtaposición...

Vínculo con el entorno basado en un impulso:
tender en el mejor lugar del balcón.
Conjeturas que adaptamos
como ensayo previo de presunciones.

Casillas para comer
pocos metros para dormir
otros para la fisiología
las infracciones sintácticas
los objetos y las ideas.

REGOLANGRINES
(en Plaza de África)

Por plantones de hierba hirsuta
obrero alamareño *negro* con su bauprés
no huele a vil.

De su filtro resume traducción del color
que supura no-lugar: EBONY & EBONY.

Piel sin responsabilidad social
ni pública.

Como obrero del ser
aunque la mente acorte los detalles
busca forma de lugar
marginalia corporativa por un catéter.
Que le devuelvan el crédito.

Obrero de avanzada.
El sentimiento cómplice de sus apetencias.
Sus cartas de pitcheo DUB.
Los emblemas del Estado de Alamar.

Desde el *Batching Plant*
(los tupamaros)

Se diluye la imagen del movimiento de tierra
espíritu de *(los)* constructor*(es)*
la forma de sus criaturas.

Declives.

Asunto de las manos, el silo taciturno
su adentro —acabado ya.   Para FUNDAR.

Fantasmas cívicos

Dentro de un proceso
los transeúntes
presuponen un argumento civil.

Los transeúntes
per*siguen* la rotación natural
—como camadas—
y no abonan el tránsito
bajo las nervaduras
de *civitas*.

No existe un diseño
de planos conductuales:
por momentos se encariñan
con el sinsentido
por momentos se convierten
en animales s i q u i t r i l l a d o s.
Y toman por asalto los *camellos*.

Maquin*a(c)ción*   —cabriolas.

Alejada
de su modelo clásico
civitas
es lo que vemos.
Con tasa de mortalidad de cuatro poemas
por cada mil nacidos.

Por desgarramientos, sale un tercer ojo.
Aparejo de ciudadano contra natura.

Del urbanismo
cuando hace el ridículo.
Los abismos meditados
de una insinuación.

*Movimiento de máquinas
(los poetas del este)*

Blackbird

Familia's Cuba Represent, Anónimo 5566 Consejo, Hermanos de Causa, EPG & B, Los Paisanos, Primera Base, La Fabri_K, Rensoli, Los Aldeanos, Las Krudas, Yimy Konclase, Maikel Xtremo, Anderson, Chekendeke, 100% Original, Doble Filo y Explosión Suprema.

Soy el pájaro.

Soy el ave que no quiere alabanzas por su canto.
No quiero que celebren mi plumaje.
No ansío treparme al balancín
de una celdilla de mimbre.

Me siento más cómodo
en el lomo de un buey
trinchando garrapatas.
El buey del cansancio político
el que ya no se quiere levantar...

Cuando alce el vuelo, arruinaré
(pues se mejora la textura del aire)
una*(s)* cabeza*(s)* sin remordimiento*(s)*.

*S*POKEN *WORD POETRY*

Lo   desechable   como literatura

con-centrarse en el   performance oral
los   *scratch*es   del poema
destruir-*le* el bacilo literario
                              al POEMA

y emancipar   lo GRÁFICO
      sin destruir   lo SEMÁNTICO
            con el juego FONÉTICO.

Real 70

Al2 & el B… otorgada la sede del 26 Musas.
A falta de Pablo & Silvio
hombres que quisieron llevar el *flow* de recalo
                                       la mueca
                                       y el coro
de muchos hombres.

Báscula: semana de silencio

SOY UN SOÑADOR QUE VIVE DE ESPALDAS A LA REALIDAD

Dice el cartel que cuelga de un hombre:
6 9 0 8 0 2 1 3 5 6 9.
Porta casco de minero
o cacerola, falda, abalorios, girasoles
y hasta camina de espaldas
a su realidad, de qué otra cosa.
Extraña fruta del huerto escolar
con unos cuantos caballos de fuerza.
En la 15 no tienen su reporte.
No corre, no vuela, no camina.

El rostro permanece inmóvil
los ojos se cierran y no levanta su cabeza.
No quiere mirar cuando le expongo
los riesgos de su representación.

Del ejercicio de pensamiento
desaparecen dolor y memoria
de enlaces semánticos.
Adecuaciones de la textualidad
para no ser molestado.

Prueba y error

Por sesiones de lo que palabrea
establecemos un duelo con instrumentos cognitivos.

        (Lento es el latido del concreto).

En sistema convencional hay que buscar materiales
para la producción de significados.

        (Lento es el latido del concreto).

En sistema convencional hay que buscar residuos
para la producción de bienes. (No sirvió).
Ese valor no alcanza para el enjuiciamiento
de nuestro discurso de poder.

Posibles confluencias, *corona tras corona*
chequea mi *flow*   de lo diferente con lo similar.

Casa-templo

para Caridad Atencio

El ojo suma silencios.
Silencios de hongo palabrero.
La letra venteada por error
suma fatigas como si fuera
una imagen imprecisa
fatigas por el ritmo de fórceps.

        Rotación de los fórceps.

En casa de silencios: abrazo votivo
a saber, abrazo para finiquitar
abrazo para deletrear
como fatiga de las analectas.

        Cableado de las analectas.

El ojo suma silencios, fatigas.
No deja maridar.
Ojo imantado de poesía
que pestañea con dificultad.

Fondo de transparencia

Algo tienen…
su *imago* por las depuraciones del sitio
re-PALABRAR un concepto de civilidad
que basurea mis siete cabezas (7 km).
Vertedero de diágrafos.
Círculo de siete estrellas (7 km).
Patria potestad de los poemas que se apilan.

CIRCUNFERENCIA
CON UN PRINCIPIO INFINITO
Y UN PERÍODO DE TIEMPO INFINITO
       —anterior a su trazo.

Poder decir:
yo nunca he ido a ese lugar (7 km)
no significo nada
cuando se toque el fondo de transparencia
los buenos pronósticos de una comunidad
para cumplir el voto
de las depuraciones.

Un Banksy en Micro X

Repetidas veces pones en práctica operaciones de adiestramiento sin provecho.

La naturaleza termina imitando la fluorescencia del arte.

Los edificios son el paisaje fotosensible del asfalto.

Prolongaciones de Dios, por inversión del hombre omnisciente.

Otear las manchas que hace su bondad sobre el cemento mojado.

Ver a Dios —con acciones del hombre que le adora.

Con ayuda de ambos, aparece el cuerpo de la obra.

Esparcida. Estarcida.

L. G. V.

en una cajita podrá haber un objeto
parecido a Mallarmé: _____
puede haber otra cosa que no sea
un par de dados por asociaciones
al estilo del río de Heráclito
o la caverna de Platón
la rana-*Kawásu* de Basho
y el cuervo en ajenjo
de Poe...

Para los desdentados literarios:
¿esto es papilla o dentadura postiza?

Tolvas

1

Cigarro sacramento psicomotor
instrucciones para silencio
desde una habitación-cartapacio.
Aspersorios de la nada: vigilia
noria o posición fetal...
Materiales de la nada
"rajando la legna están".

Pavesa que no palabra *(per se)*
instrucciones para silencio.
el cigarro y la nada
con su obturador.

2

Juego de oposición e identidades.
Refractarios.
Percutida máquina que borra.
Dictadura de tres dimensiones.

Muy en lo interior
resume un *deslizamiento*.
Octanaje.
Pieza que le fluye
para *viajar*, acoplada
cuando la realidad no distrae
y avanza sobre su futuro.
A punto de maduración
o de podrirse por el golpe.
Respiro —la toco—:
vegetal y fónica.

Las deyecciones

Envoltura que se desprende
del organismo formal del pensamiento.
De los arcos voltaicos del
            CYBER TOKONOMA POST
al que se acarrea cualquier cosa.
Al que se acarrea cualquier cosa.
Pero el tokonoma es un vacío
no una cloaca.

Trasvasar las esferas

If I have to explain, you wouldn't understand

Umbral de pobreza.
Viáticos y de tanto hielo:
rudimentos de unidad ruinosa.

Pronosticar un tramo de ascensión
(zona imagen)
y hora de esnifa que no agusana
prende la mecha
pues te convences que no oxigena
suspendido
contraindicado.

URINARIOS

El actor que hace de Hamlet en la cola del pan
con SUEÑO-DUEÑO
con JERGA-VERGA
RESOLUCIÓN-REVOLUCIÓN, en lo que declama.

La *cacharrería* en las ideas que dificultan
el desplazamiento de tu prójimo.
Preocupación por el hecho y sus porcientos.

La cola del pan
ayuda con lo que se pierde en traducciones
pero impide tomar partido
por la escritura creativa.

La despachadora puede borrar poema(s)
con trapo sobre formica.

Formica: material que se recomienda
para un rápido desplazamiento del actor
cuando termina
su desayuno.

La escritura creativa rechaza la *mortadella*
y abrir el pan con las manos.

El urinario de la calle Real
puede dar pistas del signatario
en desacuerdo con el olor
que sale de la panadería.

Todo es acostumbrarse
a no ser.

Cultura hegemónica

El hombre de gabinete
por un engrosamiento
de lógicas de poder
se resiste a la polifonía de los sentidos.
Su noción de gusto le parece confiable.

Como agente logocéntrico
bebe su orina
(con la marca fonética de sus lipogramas)
reconociéndose portador
de un síndrome de abstinencia
por lo cotidiano
que dificulta el cumplimiento
de sus deberes.

Da igual que porte faldas
o pantalón tachonado.

El hombre de gabinete
no debería ignorar su estridencia
o exotismo

para el grupo
que su perspectiva prosódica
margina.

Para nuestro hombre
—actuante, centralizado—
hay un ojo que lo tasa
en el enfunde y desenfunde de su pistola
cargada de velloritas.

Antipaís & antipoeta

J. C. F.

Desde la azotea
se pueden crear expectativas
del mundo con su calibre:
inserción de paz y reposo.

La realidad con sus dones.
Algo que no se puede vender en paquetes.
Cuando parece que eso es lo que ve
demora un poco en reaccionar
inclinándose ante los objetos transitivos
la obsesión de los objetos hirientes.

Con esos líquidos le queda al suelo
una cicatriz atractiva.
Para verificarlo, es importante el punto
desde la azotea del edificio mayor.

El Cristo de Alamar
camina sin ser reconocido por la gente.
Interactividad ciudadana.
El verdadero. La verdadera.

Con letra común

La retacería de Niemeyer
obstruye el golpe de los parterres.
El impacto me deja la cabeza como una astilla
en la cornisa cremosa de las criaturas.

- Base cognoscitiva: idioma de persianas.
- Perspectiva de estudio: voyeurismo.
- Criterio de alta médica: olor, olor, olores
  desde el viaducto.

Con letra común
pusieron mi nombre encima de la cama.
Pusieron mi nombre con letra común.
Contra el cielo suntuoso de Joseph Beuys
la voluntad de Luis Eligio y Amaury
(Alamar o Cojímar)
nombres sin pólvora ni sangre.

- Base cognoscitiva: esquivar las humillaciones
  por un sentido de la experiencia.

- Perspectiva de estudio: ángulo nuevo
  (falso movimiento que rojea).
- Criterio de alta médica: posibilidad
  de que se junten en su desnudez
  las palabras de limpio aspecto.

Zona 6 (edif. C-14, apto. 13)

> *Thrones, altars, judgments-seats, and prisons wherein,*
> *And beside which, by wretched men were borne*
> *Sceptres, tiaras, swords, and chains, and tomes*
> *Of reasoned wrong, glozed on by ignorance...*
>
> P. B. Shelley

Afiliado: poeta que participa del *proceso*, enemigo de tronos y altares... *grosso modo*.

Y una vez más como posición de resistencia.

Poeta y hombre común, par binario en un mismo espacio habitacional.

El poeta, el último poeta del este, hostigado por la cuadratura de los inmuebles.

El hombre simple con temperatura del azul en la escalera, no en el peldaño.

En lo discontinuo, norma del área para residuos, lo que no puedes decir pertenece al hecho.

Abandonemos con discreción y mansedumbre la REPÚBLICA de la POESÍA.

Sus altos edificios.

Franja de títeres
(mercado Zona 6)

1) Hombre & mujer (pequeños, próximos, cotidianos) pueden salir de compras y no regresar.

2) Él debe escoger con esmero cada producto; ella se ocupa de dar el visto bueno, asegurarse de que no hay problemas.

3) Desde el respiradero, notar la franja que implosiona, arrebatando trebejos y recetarios. La tóxica sustancia de sus realidades.

4) Desde todos los planos posibles. Pueden errar, confundirse con lo recolectado *para-uso-de-dos*.

Quita-manchas portátil

Lo que ha costado hacer en países del este
gracias al esfuerzo y razones de secreta preferencia
se desbarata en un tiempo muy breve.

Agente social

Tenderse en el suelo con los brazos cruzados.
Con las piernas cruzadas.
Con los ojos cerrados
como cualquier actividad profesional.

Semejar dienteperro
semejar mala hierba
semejar desecho
fuera del bote de basura.
Semejar
para ir recuperando fuerzas.
Semejar barricada
lo utilizable
semejar estero
delantal donde limpiarse las manos
pistilo que brota de los escombros
lo viviente
estridencias figurativas.

Ser un grupo
casi nómada

en un país que tiene el clima que merece.
Golpes y contragolpes
limbos
un metro cúbico de arena para rozar con la lengua
símbolos perplejos
recortes de presupuestos
distintas maneras
de cavar.

Receptáculos
(Playita de los Rusos)

con Almelio Calderón

Pájaros de la ausencia.
                  Cuando se asumen.
Pájaros escritos, visión sentimental
que destrozamos
por mar y desierto.

Aguja en cruz que su muerto busca
caballos que se miran como número impar.

La cruz no tiene reflejo en el agua.

Resumen del trabajo de valor
de este o aquel individuo.

Lugar y modo. TRANS-versal.
La forma de expresar incomunicación
                            dos veces
                            en un mismo
                            río.

Blue castle

Ceremonia de los escombros.
Raspar, hacerse añicos
precipitarse por un mecanismo social
con días adocenados.
Ni la idea, ni la mañana
ni el vicio: *how commit suicide...*

Habrá que trabajar con la silueta
de algunos instrumentos
idóneos para el proceso.
Proceso discrecional y totalizador.

Atorarse con la baja calidad nutritiva del atardecer.
Acostarse temprano
por obligación
y morir al día siguiente.
Como quien busca el pan por las mañanas.

DOPPELGÄNGER

Pecar por absoluto
pecar por no perder el *centro*.
Recompensa del pudridero clínico
que apaga una voz imputable.

Parece que no encuentras
tu propia manera de aguantar
(aguantar la bilocación como un doble).

¿Qué hacer con una cabeza amarilla
con una cabeza helicoidal?

Palmo a palmo
morigera la luz del camino
y aprecias el tipo de razón
que tiene un pacto perdurable
con lo roto.

Cesta de cumplidos que rescatas
de un tiempo sin historia
para paliar lesiones del purgatorio.

Viajar con laxitud
viajar con el manojo de llaves al cuello.
A tientas.

Con ausencia del monte
lava el aburrido nivel de la playa.
Todavía no termina
aunque acabe tu derecho
de errar y sufrir.

Finisterres

La urbanidad norma las relaciones

Gallo

Otro cacharro que se añade
a su condición
de mayoría.
Ya no pertenece
—tareco por laderas
de basura—
al bando deplorable.

En esta impunidad
galería del fondo y los afectos.
La forma genera el contenido
para lo sobrado.

Tráiler de utilería

Dos escalones.
Dos escalones y una puerta.
Dos escalones, una puerta
y un perro naranja.

Un poste y una farola de gancho.
Una farola, el perro, la puerta
y dos escalones.

Dos escalones.
Una puerta.
Un perro naranja.
Un poste con una farola de gancho
que corta con luz el dintel
de una ventana rota.

De otra manera:
escalones, puertas, perros
(de cualquier color)
y rotas ventanas.
Hay también

barreduras
y huellas de patas
de palomas.

Estamentos
(facetas)

EL OBJETO-flecha:
Basta que hablemos de un objeto para creernos objetivos
—dice Gastón Bachelard.

Nervio de las profanaciones: renuncia
a la profundidad espacial...
Por contraste se adivina: un cuerpo
y la flecha que encuentra su blanco
por un movimiento de ánimo.

¡RETROCEDA! —es menester
que la corrupción se apodere del objeto
y del globo ocular.
Y tocar el objeto equivale a despertar el principio del Mal
—dice Jean Baudrillard.

(Un movimiento de ánimo que suscite la ira
sería la prueba de que la flecha ha encontrado
su blanco).

Nervio de las profanaciones: renuncia
a la profundidad espacial
y la perspectiva...
(Más importante que acertar en el blanco es el acto de lanzar la flecha).
En esta secuencia de lo posible, el disparo se comba sobre lo vecinal
con forma decidida.

Instancia legal

Este lugar me observa, pero resulta imposible adivinar qué le agrada de mí.

Estamos en condiciones iguales, *in situ*...

Yo me percato de ciertos indicios y presto atención, sin propiciar un pacto.

Todo huele distinto. Todo, en forma desmedida.

Miro sus edificios como poros. La carretera espigando elípticamente.

Miro sus posesiones. Los restos que va espaciando la playa.

Zonas de grisura *(story board)*

1

La ciudad que desconoces no puede proyectar equivalencias desde una foto.

Pormenores de los azules y verdes de su bahía.

2

Me sobreviene un raro alivio con su ruina. Modelo de alienación.

Su voz de gueto: quédate fuera si no puedes traer algo a este lugar.

3

De tanto repasar fotografía, me acostumbro a la idea de su pobreza y la tolero.

Techo que se desploma, puntales, casa de sus palabras, abandonada.

4

Lo real era el sitio, laberinto votivo; con un olor marino la disciplina oral, *rap & reggae* sin su banco de arena.

Fase de acabado

Infiero que el asunto es economizar
propiciar sutilezas y hacerse a un lado.

Yo floto. Necesidad de lo práctico, o sea.
Obviamos   el margen de los arrecifes
la gracia de las herramientas.

Agua que no se estanca
pero degrada, desgrana…
agua discursiva   *en un koljoz arruinado*
obviamos el hecho de su mudez soterrada
—que no has de beber.   Sacramentar.

La ola con lentitud   empuja.

Estructuras

> *Realizar, sin desviarse en lo esencial, unas actividades cotidianas, de manera que ya no haya una estructura (…).*
>
> José Kozer: *Una huella destartalada.*

Porque todo no puede ser *d*escrito
de lo que defino como
ESTRUCTURAS DE OFUSCACIÓN.
Estructuras que brotan.
Estructuras sin tiempo ni género
que multiplican el *d*efecto
de la realidad.

Calle con los desplazamientos.

Números racionales con sus opuestos
triángulos de asueto, rectángulos
personas que viven
de forma nítida/real.

Efecto Gestalt —a. m.

Mecanismo de añoranza
en plazas de cólera pública. Incivil
modulas su patrón de dolor distorsionado.

Lo suscribo.
El resumen de su forma se destruye.
Referenciar la deformidad de la luz.
Guardar la tentación y lo que se fragmenta
para prueba material.
Ocasión que se aprovecha a destiempo.

Esto no lo voy a comer/ esto no lo voy a tener.
Drenando.
Esto no lo debo escribir/ esto no lo debo sentir.
Desinstalando.
Esto
no lo puedo
cuidar.

Rémora

Evitando la suma de mis fuerzas con las posibilidades de lo *abstracto*.

¿Trabajar es un modo de ser candoroso?

Amar u odiar, espacio electivo y de reservas.

Hasta que el cuerpo aguante.

DÁRSENAS

Hubo un momento en que eso era del gusto de la mayoría.

No se preparan sucedáneos para este lugar.

Escenario que corroe huella concéntrica de coturnos.

Propicie un movimiento de ánimo. Gremial.

Lo que se ve y lo que se oye para cohesionar, no es, con precisión, la misma cosa.

REGOLANGRINES
(EN PLAZA DE ÁFRICA)

El *Jah* me dijo que tenía que ponerme la *drela*.

Primero lavarse el pelo.
Sin el olor de lo industrial
un incentivo para el desecho
liendres por condiciones de reproducción
mes a mes.

En surco ceroso de boñiga
que no pule Sedal
ni por calambres de zapa
ni menoscabos de lavanda
ni por la descripción
(total e infinita)
contingencia-fluorescencia del peine
donde perduran rizomas
en agreste pi-ca-du-ra
                        capilo-forestal.

MUERTE NATURAL *(BOX SCORE)*

Nido de hierros vocativos.
Cascos como las vísceras del anón de manteca.
Civitas con su ladrillo bastardo
fundada sobre roca.
Cascotes del hierro que pudre
grandes cadáveres
                    a orillas del Neva.

De un espacio a otro: terrenos baldíos
campos de hip-hop, de arte directo
de mixturas, de fealdad metropolitana.

Hacer un camino recto para nosotros.
Mal que les pese a quienes trazan nuevas
que se saben viejas implicaciones.

Estados de ocupación.
Hilar el paso por el sobrepeso
de tu nombre de guerra.

Cosméticos de la red pública
red infinita

horizontes de la historia
con su registro.
Proyectos de escritura y urbanidad
de vida en otra parte
toda la gama
en pro o en contra
de la ciudad que alejas.

ÍNDICE

Los predominios / 9

CASA DEL HOMBRE

    Punto de gravedad / 13
    Promesa de estancia/ estado de permanencia / 15
    Building home / 17
    Al ma   xpress / 18
    Asentamiento en la civilidad / 19
    W. C. W. (carretillero con aguacates) / 21
    El flujo de las impresiones *(horror vacui)* / 23
    Demasiados garajes y tanques elevados / 25
    Una parte de lío, la otra mitad de problema / 28
    Vivir en familia / 30
    Estamentos(facetas) / 31
    Homo cubensis / 32
    R E G O L A N G R I N E S
        (en plaza de África) / 33
    Desde el *batching plant* (los tupamaros) / 34
    Fantasmas cívicos / 35

MOVIMIENTO DE MÁQUINAS (LOS POETAS DEL ESTE)

Blackbird / 39
Spoken word poetry / 40
Real 70 / 41
Báscula: semana de silencio / 42
Prueba y error / 44
Casa-templo / 45
Fondo de transparencia / 46
Un Banksy en Micro X / 47
L. G. V. / 48
Tolvas / 49
Las deyecciones / 51
Trasvasar las esferas / 52
Urinarios / 53
Cultura hegemónica / 55

ANTIPAÍS & ANTIPOETA

J. C. F. / 59
Con letra común / 60
Zona 6 (edif. C-14, apto. 13) / 62
Franja de títeres (mercado Zona 6) / 64
Quita-manchas portátil / 65
Agente social / 66
Receptáculos (Playita de los Rusos) / 68
Blue castle / 69
Doppelgänger / 70

FINISTERRES

    La urbanidad norma las relaciones / 75
    Tráiler de utilería / 76
    Estamentos (facetas) / 78
    Instancia legal / 80
    Zonas de grisura *(story board)* / 81
    Fase de acabado / 83
    Estructuras / 84
    Efecto Gestalt —a. m. / 85
    Rémora / 86
    Dársenas / 87
    R E G O L A N G R I N E S
        (en plaza de África) / 88
    Muerte natural *(box score)* / 89

Últimos títulos publicados por **Casa Vacía**

Reinaldo Arenas
Libro de Arenas
(miscelánea)

Roberto Méndez Martínez
Música nocturna para un hereje
(novela)

Michael H. Miranda
Venecia inactual
(diario de viaje)

Roger Santiváñez (comp.)
Poesía: relámpago maravilloso
(poesía)

Jorge Yglesias
Pequeña Siberia
(poesía)

Daniel Céspedes Góngora (comp.)
Pasolini: las jerarquías de la inspiración
(ensayo)

Lizabel Mónica
Hay palabras vulva
(poesía)

Hugo Fabel
Matar al Buda
(poesía)

Mauro A. Fernández
las rajaduras que hay en la lengua de las personas
(poesía)

Remberto Pérez / María Pérez
Cuando salí de Cuba
(memorias, testimonio)

José Prats Sariol
Diarios para Stefan Zweig
(novela)

Jorge Enrique Lage
Libros raros y de uso
(novela)

Inti Yanes-Fernández
Alle Ontologie
(poesía)

Ricardo Alberto pérez
Hematoma
(poesía)

Arturo Dávila
También garganta el mar
(poesía)

Diego L. García
El lento hacer. Ensayos sobre imagen y escritura
(ensayo)

Mario Arteca
Cuello Mao
(poesía)

Vasili Rózanov
Motivos orientales
(ensayo)

www.ingramcontent.com/pod-product-compliance
Lightning Source LLC
Chambersburg PA
CBHW031204090426
42736CB00009B/775